Intranet-Auswahl & Einführung

Andreas Pörtner MSc BBA

DIGITAL BUSINESS GUIDES

www.digital-business-guides.com

Ausgabe 5 / 2025

Inhalt

Vorwort

Die digitale Transformation verändert unsere Arbeitswelt grundlegend – und das Intranet ist dabei mehr als nur ein internes Informationssystem. Es ist der zentrale Zugangspunkt zum digitalen Arbeitsplatz, der Ort für Kommunikation, Zusammenarbeit, Wissenstransfer und kulturelle Identität eines Unternehmens. Gerade im Mittelstand, der zunehmend mit hybriden Arbeitsformen, steigender Komplexität und Fachkräftemangel konfrontiert ist, wächst die Bedeutung eines intelligent konzipierten und nutzerzentrierten Intranets enorm.

Trotz dieser Relevanz erleben viele Unternehmen die Einführung oder Modernisierung eines Intranets als Herausforderung. Fehlende Zielklarheit, unübersichtliche Anbieterlandschaften, unzureichende Projektplanung oder mangelnde Nutzerakzeptanz sind nur einige der Stolpersteine. Dieses Buch soll dabei helfen, diese Hürden zu überwinden – praxisnah, systematisch und strategisch fundiert.

„Intranet Auswahl & Einführung" richtet sich an alle, die in Unternehmen für Kommunikation, IT, HR oder digitale Transformation verantwortlich sind. Es bietet konkrete Hilfestellungen – von der Bedarfserhebung über die Systemauswahl bis hin zur erfolgreichen Einführung und Weiterentwicklung eines modernen Intranets. Dabei geht es nicht nur um technische Aspekte, sondern auch um Governance, Redaktionskonzepte, Projektmanagement und Change Management.

Das Buch ist Teil der Reihe **DIGITAL BUSINESS GUIDES**, die sich zum Ziel gesetzt hat, Entscheider:innen kompakte, verständliche und zugleich praxisorientierte Leitfäden zu aktuellen Digitalisierungsthemen an die Hand zu geben. Alle Inhalte basieren auf jahrelanger Beratungserfahrung, Best Practices aus Projekten sowie aktuellen technologischen Entwicklungen.

Ich wünsche Ihnen eine inspirierende Lektüre, viele neue Impulse – und vor allem: ein erfolgreiches Intranet-Projekt, das echten Mehrwert für Ihre Organisation schafft.

Andreas Pörtner
Autor, Unternehmensberater, Digitalstratege

Kapitel 1: Einführung – Das Intranet im Wandel

1.1 Vom Informationsspeicher zur digitalen Arbeitsplattform

Das Intranet hat sich in den letzten zwei Jahrzehnten grundlegend gewandelt. Während es früher häufig als reine Ablage für interne Dokumente und Unternehmensnachrichten diente, ist es heute ein zentraler Bestandteil der digitalen Arbeitsumgebung. Moderne Intranets sind nicht mehr bloße Informationsspeicher, sondern leistungsfähige digitale Plattformen, die Kommunikation, Zusammenarbeit, Self Services und Prozessintegration vereinen.

Dieser Wandel ist nicht zufällig, sondern die Antwort auf veränderte Anforderungen in Unternehmen: die wachsende Komplexität von Arbeitsprozessen, zunehmende räumliche Distanz durch Homeoffice und Remote Work sowie der Bedarf nach vernetztem Wissen und schnellem Informationszugriff. Das Intranet wird damit zu einem Schlüsselinstrument der digitalen Transformation – insbesondere im Mittelstand, wo Effizienz, Transparenz und Mitarbeiterbindung zentrale Erfolgsfaktoren sind.

1.2 Rolle des Intranets im Digital Workplace

Im Kontext des **Digital Workplace** ist das Intranet weit mehr als eine interne Website. Es bildet die zentrale Anlaufstelle für Mitarbeitende, um auf Informationen, Anwendungen und Kommunikationskanäle zuzugreifen. Als „digitaler Hub" vernetzt es Menschen, Wissen und Systeme und schafft eine gemeinsame Arbeitsumgebung, unabhängig vom Standort oder Endgerät.

Nach Thomas Riedl (2022, *Digitaler Arbeitsplatz gestalten*) ist der moderne Digital Workplace „eine integrierte Plattform, die Kommunikation, Kollaboration und Informationszugang in einem ganzheitlichen Nutzungserlebnis vereint." Das Intranet übernimmt hierbei eine tragende Rolle, insbesondere in der Verbindung von operativen Prozessen (z. B. Urlaubsanträge, Formulare) und strategischer Kommunikation (z. B. Leitbilder, Führungskommunikation, Unternehmensziele).

1.3 Typologie moderner Intranets

Moderne Intranets lassen sich in verschiedene Typen unterteilen, je nach Fokus, technologischem Fundament und Zielsetzung:

- **Informationsintranets**: konzentrieren sich auf die Bereitstellung von News, Richtlinien und Unternehmensdokumenten.
- **Kommunikationsintranets**: fördern Austausch und Feedback über Kommentare, Likes und Social Features.
- **Kollaborationsintranets**: integrieren Tools wie Microsoft Teams, SharePoint, Confluence oder Wikis.
- **Prozessorientierte Intranets**: bilden interne Abläufe und Formulare digital ab (z. B. Onboarding, Urlaubsverwaltung).
- **Social Intranets**: stellen die Mitarbeitenden in den Mittelpunkt und ermöglichen aktive Beteiligung.

Die Grenzen zwischen diesen Typen verschwimmen zunehmend, da moderne Lösungen modulare Architekturen aufweisen und sich flexibel erweitern lassen.

1.4 Relevanz für interne Kommunikation, Wissensmanagement und Zusammenarbeit

Das Intranet ist ein zentrales Medium der **internen Kommunikation** – von Top-down-Kommunikation durch Geschäftsführung und Kommunikationsteams bis hin zur Peer-to-Peer-Kommunikation unter Mitarbeitenden. Gleichzeitig ist es ein Ort des **Wissensmanagements**, an dem dokumentiertes Wissen (z. B. FAQs, Best Practices, Richtlinien) allen zur Verfügung gestellt wird – jederzeit und überall.

Ein weiterer entscheidender Mehrwert liegt in der Unterstützung der **Zusammenarbeit**: Teamseiten, Projektbereiche, gemeinsame Dokumentenbearbeitung und Community-Features machen das Intranet zur Arbeitsumgebung für agile Teams.

Dr. Ralf T. Kreutzer betont in seinem Buch *Digitales Management* (2021), dass „das Intranet im digitalen Zeitalter nicht nur als Kommunikationsmedium, sondern als strategisches Steuerungselement für Kultur, Prozesse und Transformation verstanden werden muss."

1.5 Fazit

Das Intranet hat sich vom verstaubten Dateispeicher zur intelligenten Plattform entwickelt, die zentrale Funktionen für Kommunikation, Information, Prozessintegration und Zusammenarbeit vereint. Es ist eine tragende Säule des digitalen Arbeitsplatzes und verdient daher höchste Aufmerksamkeit in der Auswahl und Einführung. Wer heute ein Intranet implementiert, entscheidet über die digitale Erlebniswelt seiner Mitarbeitenden – und damit über Produktivität, Innovationskraft und Arbeitgeberattraktivität.

Kapitel 2: Bedarfsanalyse & strategische Zieldefinition

2.1 Interne Ausgangslage analysieren

Der erste und entscheidende Schritt auf dem Weg zu einem erfolgreichen Intranet-Projekt ist eine sorgfältige Bedarfsanalyse. Nur wer versteht, **wo das Unternehmen steht**, kann bestimmen, wohin es gehen soll. Dabei geht es nicht nur um technische Rahmenbedingungen, sondern vor allem um organisationale, kulturelle und kommunikative Gegebenheiten. Zu analysieren sind insbesondere:

- bestehende Tools und Plattformen (z. B. MS Teams, File-Server, CMS-Systeme),
- Kommunikationswege und -defizite,
- Redaktionsstrukturen und Content-Quellen,
- Arbeits- und Kollaborationsprozesse,
- bisherige Nutzerakzeptanz und Kritikpunkte.

Eine fundierte Ist-Analyse schafft die Basis für fundierte Anforderungen und vermeidet typische Fehlentscheidungen im Auswahlprozess.

2.2 Stakeholder einbeziehen

Ein Intranet betrifft nicht nur die IT oder interne Kommunikation, sondern alle Mitarbeitenden eines Unternehmens – und somit auch unterschiedlichste Perspektiven und Erwartungen. Die frühe Einbindung der relevanten **Stakeholder** ist daher ein zentraler Erfolgsfaktor.

Beteiligte Stakeholder können sein:

- Geschäftsführung (Strategiebezug, Budget)
- IT-Abteilung (Technik, Integration, Sicherheit)
- HR-Abteilung (Onboarding, Mitarbeiterbindung, Employer Branding)
- Kommunikation/PR (Redaktion, Change-Kommunikation)
- Betriebsrat (Datenschutz, Mitbestimmung)
- Fachbereiche (Use Cases, Inhalte, Workflows)

Durch strukturierte Interviews, Workshops oder Online-Befragungen lassen sich Bedarfe und Potenziale systematisch erfassen.

2.3 Ziele definieren: Kommunikation, Effizienz, Wissenstransfer

Nach der Analysephase geht es darum, **konkrete Ziele** für das Intranet-Projekt zu definieren. Diese sollten klar, messbar und im besten Fall mit der Unternehmensstrategie verknüpft sein. Typische Ziele eines modernen Intranets sind:

- Verbesserung der internen Kommunikation
- Förderung des interdisziplinären Austauschs
- Vereinfachung des Zugriffs auf Informationen und Tools
- Reduzierung der E-Mail-Flut
- Effizientere interne Prozesse (z. B. Self Services)
- Steigerung der Mitarbeitermotivation und -bindung

Ein Intranet-Projekt ohne klare Zieldefinition droht, in Beliebigkeit und Funktionsüberfrachtung zu enden.

2.4 Zielgruppen: Mitarbeitende, Führungskräfte, Redaktion

Moderne Intranets bedienen **unterschiedliche Zielgruppen** mit unterschiedlichen Anforderungen:

- **Mitarbeitende** benötigen schnelle, mobile Zugänge zu relevanten Informationen und Tools. Besonders operative Mitarbeiter ohne festen PC-Arbeitsplatz dürfen nicht übersehen werden.
- **Führungskräfte** erwarten Analyse- und Kommunikationsfunktionen, z. B. zur Mitarbeiteransprache oder zum Monitoring.
- **Redakteur:innen** benötigen Werkzeuge zur einfachen Content-Erstellung, Governance-Tools und ein abgestimmtes Rechte- und Rollenkonzept.

Die genaue Definition dieser Zielgruppen und ihrer Bedürfnisse ist Grundlage für die spätere Informationsarchitektur und Systemauswahl.

Ein Intranet sollte nicht isoliert gedacht, sondern in die bestehende **Digitalstrategie** des Unternehmens eingebettet werden. Insbesondere folgende Fragen sind zentral:

- Gibt es bereits ein Zielbild für den digitalen Arbeitsplatz?
- Welche bestehenden Systeme und Plattformen (MS365, ERP, CRM) sollen angebunden werden?
- Wie steht es um IT-Sicherheit, Datenschutz, Cloud-Strategie?

Ziel ist es, ein **Intranet als integralen Bestandteil** einer digitalen Infrastruktur zu entwickeln – und nicht als paralleles oder widersprüchliches System.

Wie Prof. Dr. Krcmar (2021, *Informationsmanagement*) betont, entsteht nachhaltiger IT-Nutzen vor allem dann, „wenn Technologien nicht isoliert eingeführt werden, sondern als Bausteine einer integrierten digitalen Architektur wirken." Genau diesen Anspruch sollte die Intranet-Strategie ebenfalls erfüllen.

2.5 Fazit

Die Bedarfsanalyse und Zieldefinition sind nicht nur der Beginn, sondern das Fundament jedes erfolgreichen Intranet-Vorhabens. Nur wer die internen Bedürfnisse, Stakeholder-Erwartungen und strategischen Rahmenbedingungen wirklich versteht, kann ein Intranet gestalten, das Akzeptanz findet und langfristig echten Mehrwert liefert.

Kapitel 3: Anforderungen an moderne Intranets

3.1 Funktionale Anforderungen – Was ein Intranet leisten muss

Funktionale Anforderungen beschreiben **konkrete Features** und **Bedienfunktionen**, die ein Intranet zur Verfügung stellen sollte. Dabei hängt die Gewichtung stark von den Zielen und Use Cases des jeweiligen Unternehmens ab. Die folgende Übersicht zeigt zentrale funktionale Bausteine moderner Intranets:

a) Kommunikationsfunktionen

- Unternehmensnews mit Zielgruppensteuerung
- CEO-Blog, Videos, Podcasts und multimediale Inhalte
- Kommentarfunktion, Likes, Social-Features („Digitaler Flurfunk")
- Push-Benachrichtigungen (mobil & Desktop)
- Veranstaltungsankündigungen, Terminverwaltung

b) Informationsmanagement

- Wissensdatenbank mit Versionierung
- FAQ-Sektionen, Glossare, Organigramme
- Dokumentenmanagement mit rollenbasierten Zugriffen
- Suchfunktion mit Volltext-Indexierung, Tags und Filtern
- Bereichs- oder themenspezifische Seiten (HR, IT, Marketing)

c) Self Services und Formulare

- Urlaubsanträge, Krankmeldungen, Reisekosten
- IT-Tickets, Facility-Meldungen
- Onboarding-Prozesse und Checklisten
- Digitale Formulare mit Workflow-Integration (z. B. Genehmigungen)

d) Kollaboration & Interaktion

- Teamseiten und Projektbereiche
- Integration kollaborativer Tools (z. B. MS Teams, Miro, Jira)
- Gemeinsame Bearbeitung von Dokumenten (Co-Editing)
- Foren, Umfragen, Mitarbeiterideenplattform

e) Personalisierung und Nutzererlebnis

- Startseite mit individuell relevanten Inhalten
- Favoriten, Bookmarks und persönliche Navigation
- Rollenspezifische Inhalte und Dashboards
- Inhalte nach Standort, Sprache, Abteilung

Die Herausforderung liegt darin, nicht nur möglichst viele Funktionen bereitzustellen, sondern **die richtigen Funktionen gut nutzbar zu machen**. „Nicht die Menge an Features überzeugt, sondern deren Relevanz für die tägliche Arbeit" (Meister & Wagner, *Digital Workplace – Strategien für Unternehmen*, 2020).

3.2 Nicht-funktionale Anforderungen – Qualität, Nutzerzentrierung, Barrierefreiheit

Nicht-funktionale Anforderungen betreffen **Systemeigenschaften**, die nicht direkt sichtbar, aber für den Erfolg eines Intranets entscheidend sind.

a) Usability & UX-Design

- Intuitive Benutzerführung (ohne Schulungsaufwand)
- Mobile First Design (responsive, für Smartphone & Tablet optimiert)
- Konsistentes visuelles Erscheinungsbild
- Schnelle Ladezeiten (auch bei schlechter Internetverbindung)
- Reduzierte Klicktiefe, klare Navigationslogik

b) Barrierefreiheit & Diversität

- Umsetzung der BITV 2.0 bzw. WCAG 2.1 (für öffentliche Institutionen verpflichtend)
- Alternative Texte für Bilder
- Tastaturbedienbarkeit und Kontrastoptimierung
- Anpassungsmöglichkeiten für Schriftgrößen und Farben

c) Mehrsprachigkeit & Internationalität

- Benutzeroberfläche in mehreren Sprachen (mindestens Deutsch/Englisch)
- Inhalte sprachspezifisch verwaltbar

- Lokalisierbare Nachrichten oder standortspezifische Inhalte

d) Performance & Skalierbarkeit

- Stabiler Betrieb bei hoher Nutzeranzahl
- Cloud-fähig und skalierbar je nach Unternehmenswachstum
- Caching und Ladeoptimierung

e) Rechtssicherheit und Datenschutz

- DSGVO-Konformität (insbesondere bei Profilinformationen, Kommentaren etc.)
- Cookie-Management & Datenschutzerklärung
- Log- und Zugriffskontrolle
- Dokumentation von Einwilligungen

Ein modernes Intranet muss nicht nur funktional überzeugen, sondern auch **Vertrauen, Sicherheit und Komfort vermitteln**, damit es angenommen wird.

3.3 Technische Anforderungen – Architektur, Schnittstellen, Betrieb

Technisch muss das Intranet in die bestehende **Systemlandschaft** eingebettet werden können und langfristig wartbar bleiben.

a) Systemarchitektur

- Modularer Aufbau (Erweiterbarkeit durch Plugins/Module)
- Cloud, On-Premise oder Hybrid-Modell
- Mandantenfähigkeit für große Organisationen oder Tochterunternehmen
- Single-Sign-On (SSO), idealerweise mit Azure AD oder LDAP

b) Schnittstellen (APIs)

- REST- oder GraphQL-APIs zur Integration mit Drittsystemen
- Anbindung an Microsoft 365, SAP, CRM-Systeme
- Kalenderintegration (Outlook, Exchange)
- Social Media Feeds, News-Aggregatoren

c) Sicherheitsmechanismen

- Zwei-Faktor-Authentifizierung
- Verschlüsselung (SSL/TLS)
- Rollen- und Rechtekonzepte
- Auditing- und Monitoringfunktionen

d) Betrieb & Wartung

- Automatisierte Updates und Backups
- Rollenbasierter Admin-Zugang
- Benutzerverwaltung (zentral oder dezentral)
- SLA für Cloud-Plattformen

Diese technischen Grundlagen entscheiden maßgeblich über den
Wartungsaufwand, Betriebskosten und Zukunftsfähigkeit eines Systems.

3.4 Organisatorische Anforderungen – Redaktion, Governance und Change

Ein Intranet ist nicht allein ein IT-Projekt, sondern ein **organisationskulturelles
Vorhaben**. Entsprechend müssen auch Governance- und Betriebsprozesse definiert
werden.

a) Redaktionsprozesse

- Rollenmodelle: zentrales Team vs. dezentrale Fachbereichsredakteure
- Freigabeworkflows, Versionierung
- Redaktionshandbuch und Styleguide
- Schulungskonzepte für Redakteure

b) Governance-Strukturen

- Intranet-Beirat oder Steuerungskreis
- Redaktionskonferenzen, Nutzerbeiräte
- Regelmäßige KPI-Auswertungen und Optimierungsprozesse

c) Change Management

- Stakeholder-Kommunikation
- Beteiligung der Belegschaft (z. B. über Pilotgruppen)
- Change Agents und Multiplikatoren
- Onboarding-Kampagnen, Schulungsvideos, Gamification

„Ein Intranet lebt von redaktioneller Qualität, aber es stirbt an fehlender Pflege" – so bringt es eine häufig zitierte Praxiserfahrung auf den Punkt.

3.5 Strategische Anforderungen – Langfristigkeit, Vision, Integration

Über die reinen Funktionen hinaus ist entscheidend, wie gut sich das Intranet in die **strategischen Ziele** des Unternehmens einbettet.

a) Digitale Arbeitsplatzstrategie

- Intranet als Teil eines übergreifenden Digital Workplace Konzepts
- Konsistenz mit Collaboration-Strategien (MS Teams, Slack etc.)
- Zentrale Drehscheibe für Arbeit, Information und Identität

b) Kultur & Arbeitgeberattraktivität

- Plattform zur Stärkung der Unternehmenskultur
- Intranet als Instrument für Employer Branding und Mitarbeiterbindung
- Förderung von Transparenz, Partizipation und Identifikation

c) Zukunftsfähigkeit

- Erweiterbarkeit (z. B. KI-Module, Chatbots, Automatisierung)
- Nutzung von Analytics zur Personalisierung und Optimierung
- Innovationsfähigkeit (Anpassung an neue Arbeitsformen)

Wie Claudia Pelzer in *Digitalisierung der Unternehmenskultur* (2022) darlegt, ist das Intranet „nicht mehr Werkzeug der IT, sondern Ausdruck gelebter Unternehmenswerte und -visionen im digitalen Raum."

Moderne Intranets sind weit mehr als technische Systeme – sie sind **multifunktionale Plattformen**, die strategische, organisatorische und kulturelle Anforderungen erfüllen müssen. Ein ganzheitlicher Anforderungskatalog stellt sicher, dass das Intranet nicht nur technisch funktioniert, sondern auch **Nutzer begeistert, Prozesse verbessert und das Unternehmen auf dem Weg zur digitalen Organisation unterstützt.**

Kapitel 4: Intranet-Systeme und Lösungsansätze im Vergleich

4.1 Systemlandschaft: Ein Überblick über die Typen moderner Intranets

Die Vielfalt an verfügbaren Intranet-Systemen und Lösungsansätzen ist heute größer denn je. Unternehmen stehen vor der Herausforderung, aus einer Vielzahl technischer Optionen die passende Lösung zu wählen – im Einklang mit ihren individuellen Anforderungen, ihrem Reifegrad, ihrer IT-Strategie und ihrem Budget. Dieses Kapitel liefert eine systematische Übersicht über gängige Intranet-Typen, Technologien, Architekturmodelle sowie Vor- und Nachteile unterschiedlicher Systemansätze. Darüber hinaus werden konkrete Beispiele genannt und Entscheidungshilfen gegeben.

Intranet-Lösungen lassen sich grob in vier Hauptkategorien einteilen, die sich durch technologische Basis, Flexibilität, Implementierungsaufwand und Lizenzmodell unterscheiden:

a) CMS-basierte Intranets (Content Management Systeme)

Diese Lösungen basieren auf klassischen Web-CMS wie TYPO3, Drupal, Joomla oder WordPress und werden speziell für den Intranet-Einsatz angepasst.
Vorteile:

- Hohe Flexibilität beim Design und bei der Struktur
- Gute Erweiterbarkeit durch Plugins
- Volle Kontrolle bei On-Premises-Hosting

Nachteile:

- Höherer Entwicklungsaufwand
- Weniger standardisierte Intranet-Funktionen
- Hoher Pflegebedarf bei Sicherheitsupdates

Typische Einsatzszenarien: Medienunternehmen, Hochschulen, Unternehmen mit stark individualisierten Kommunikationsanforderungen.

b) SharePoint-basierte Intranets

Microsoft SharePoint ist in vielen Unternehmen durch Microsoft 365 bereits vorhanden und dient als Basis für zahlreiche Intranetlösungen – entweder „out of the box" oder mit Erweiterungen durch Drittanbieter (z. B. Valo, Powell, Beezy, Omnia).

Vorteile:

- Tiefe Integration in Microsoft-Umgebung (Teams, OneDrive, Outlook)
- Standardisierte Zugriffs- und Rechteverwaltung
- Leistungsfähige Such- und Dokumentenfunktionen

Nachteile:

- Eher technischer, unübersichtlicher Standardaufbau
- Anpassungen benötigen oft spezialisierte Entwickler
- Abhängigkeit von Microsoft-Cloud-Infrastruktur

Typische Einsatzszenarien: Großunternehmen, IT-orientierte Organisationen, Microsoft-zentrierte Umgebungen.

c) SaaS-Intranet-Plattformen (Software-as-a-Service)

Diese Systeme sind als vollständig cloudbasierte Intranet-Lösungen konzipiert, z. B. Haiilo, Staffbase, COYO, Happeo oder Jive. Sie bieten ein modulares Funktionsset mit geringem Implementierungsaufwand.

Vorteile:

- Schnell einsetzbar („plug & play")
- Mobile First und UX-optimiert
- Skalierbar, automatische Updates, DSGVO-konforme Hostingoptionen

Nachteile:

- Eingeschränkte Individualisierbarkeit
- Monatliche Lizenzkosten pro Nutzer
- Abhängigkeit vom Anbieter

Typische Einsatzszenarien: Mittelständische Unternehmen, Organisationen ohne eigene IT-Entwicklung, agile Teams.

d) Individuelle Intranet-Lösungen & Eigenentwicklungen

Hierbei handelt es sich um maßgeschneiderte Intranets, meist von IT-Dienstleistern auf Basis moderner Frameworks (z. B. Laravel, Angular, React) entwickelt.

Vorteile:

- Maximale Anpassung an Prozesse und Corporate Design
- Vollständige Kontrolle über Quellcode und Daten

Nachteile:

- Sehr hoher Entwicklungs- und Wartungsaufwand
- Abhängigkeit von Agentur / Entwicklerteam
- Hohes Risiko bei Personalwechsel oder Technologiewechsel

Typische Einsatzszenarien: Unternehmen mit komplexen Anforderungen, Konzernlösungen, hochspezialisierte Anwendungsfälle.

4.2 Auswahl nach Architektur: On-Premises, Cloud oder Hybrid

Die **technologische Architektur** des Intranets hat unmittelbare Auswirkungen auf Kosten, Flexibilität und Betriebssicherheit.

a) On-Premises

Die Software wird vollständig auf unternehmenseigener Infrastruktur betrieben.
Vorteile: volle Datenhoheit, keine externen Cloud-Abhängigkeiten
Nachteile: hoher Aufwand für Wartung, Updates, Sicherheit

b) Cloud-basiert (Public Cloud / SaaS)

Die Software wird über die Cloud des Herstellers bereitgestellt.
Vorteile: geringer technischer Aufwand, hohe Verfügbarkeit, automatische Updates
Nachteile: Daten liegen extern, eingeschränkte Anpassbarkeit

c) Hybridlösungen

Teile des Intranets werden lokal betrieben (z. B. sensible Inhalte), andere Funktionen in der Cloud (z. B. Kommunikation).

Vorteile: kombinierbare Vorteile beider Welten

Nachteile: erhöhte Komplexität in der IT-Architektur

Die Entscheidung hängt stark von der IT-Strategie, Compliance-Anforderungen und dem Digitalisierungsgrad des Unternehmens ab.

4.3 Entscheidungskriterien im Systemvergleich

Ein strukturierter Systemvergleich sollte auf definierten Bewertungskriterien basieren. Wichtige Aspekte sind:

Kriterium	Erläuterung
Funktionsumfang	Passen die Funktionen zu den Anforderungen?
Usability	Ist das System intuitiv und für alle Nutzer verständlich?
Mobile Nutzung	Ist das System responsive oder gibt es Apps?
Integration	Lassen sich Drittsysteme (SAP, M365, CRM) einfach anbinden?
Individualisierung	Welche Anpassungen sind erlaubt – Oberfläche, Workflows?
Betrieb & Wartung	Wer betreibt das System und wie aufwändig ist die Pflege?
Sicherheit & DSGVO	Wo liegen die Daten, wie werden sie geschützt?
Investitionskosten	Wie hoch sind Lizenz- und Implementierungskosten?
Skalierbarkeit & Zukunft	Lässt sich das System mit dem Unternehmen weiterentwickeln?

4.4 Anbieterüberblick und Markttrends

Im deutschsprachigen Raum dominieren derzeit folgende Anbieter den Markt:

Anbieter	Technologiebasis	Zielgruppe	Besonderheiten
Staffbase	SaaS	Mittelstand, Konzerne	starke mobile App, Employee Experience
Haiilo	SaaS (früher COYO)	Mittelstand	modernes UX, modular, international
SharePoint Online	Microsoft 365	Konzerne, Behörden	enge M365-Integration
Valo	SharePoint-Add-on	M365-Unternehmen	vorkonfiguriertes Intranet für M365
Drupal/TYPO3	CMS-basiert	Öffentliche Verwaltung	hohe Flexibilität, Open Source
Happeo	Google Workspace	internationale Teams	Fokus auf Kommunikation & Integration

Der Trend geht aktuell klar in Richtung **Cloud, Modularität und mobile Nutzung**. Zudem zeigt sich ein starker Anstieg der Nachfrage nach **Kollaborationsfunktionen**, **sozialen Elementen** und **Integrationen mit KI-Komponenten** (z. B. intelligente Suche, Chatbots, Content-Empfehlung).

4.5 Entscheidung vorbereiten: Evaluierung und Shortlist

Nach der Analysephase und Anforderungsdefinition ist der nächste Schritt die konkrete **Evaluierung geeigneter Anbieter**. Folgende Maßnahmen sind empfehlenswert:

- **Shortlist mit 3–5 Anbietern** basierend auf Anforderungen
- Durchführung von **Live-Demos** anhand konkreter Use Cases
- Erstellung eines **Bewertungsrasters** (z. B. Nutzwertanalyse)
- Optional: **Proof of Concept (PoC)** mit Teststellung für Pilotgruppen
- Einholung und Vergleich von **Angeboten / Lizenzmodellen**

Tipp aus der Praxis: Binden Sie eine Nutzergruppe aktiv in die Bewertung ein. „Systeme, die von Anfang an gemeinsam mit den Nutzern gedacht werden, haben eine deutlich höhere Akzeptanzrate", so Prof. Dr. Stefan Reinhold (*Change-Prozesse in der Digitalisierung*, 2021).

4.6 Fazit

Die Auswahl des richtigen Intranet-Systems ist keine rein technische Entscheidung, sondern ein strategischer Abgleich zwischen Anforderungen, Unternehmenszielen und Machbarkeit. Der Markt bietet eine Vielzahl an Optionen – von schlanken SaaS-Plattformen über SharePoint-Lösungen bis hin zu hochindividuellen Eigenentwicklungen. Entscheidend ist nicht die Featurefülle, sondern **die Passung zur eigenen Organisation**.

Ein gut vorbereiteter Systemvergleich, unterstützt durch praxisnahe Tests und strukturierte Bewertungsmethoden, minimiert Projektrisiken und legt den Grundstein für ein Intranet, das langfristig Nutzen stiftet.

Ein Intranet verursacht über seinen Lebenszyklus hinweg verschiedene Kostenarten. Diese lassen sich in **einmalige Investitionen** und **laufende Betriebskosten** unterscheiden – gemeinsam bilden sie die **Total Cost of Ownership (TCO)**.

a) Einmalige Investitionskosten

- **Lizenz- oder Anschaffungskosten** (Kaufpreis oder Setupgebühr bei SaaS)
- **Implementierungskosten** (Installation, Anpassung, Konfiguration)
- **Beratungsleistungen** (Strategie, UX, Informationsarchitektur)
- **Schulungen & Change-Kommunikation**
- **Erstellung & Migration von Inhalten**

b) Laufende Betriebskosten

- **Lizenzen oder Abonnements (pro Nutzer/Monat)**
- **Hosting- und Infrastrukturkosten (bei On-Premises)**
- **Wartung und Support**
- **Weiterentwicklung & Anpassungen**
- **Redaktions- und Betriebskosten** (Personal für Pflege und Redaktion)

Ein Beispiel: Ein mittelständisches Unternehmen mit 500 Mitarbeitenden, das eine SaaS-Intranetlösung mit 8 €/User/Monat nutzt, hat allein durch Lizenzen laufende Kosten von rund 48.000 € pro Jahr – hinzu kommen Projektkosten von 20.000– 60.000 € bei Einführung.

Je nach technologischem Ansatz unterscheiden sich die Investitionsmodelle erheblich:

Modell	Beschreibung	Typische Anbieter	Vor-/Nachteile
SaaS	monatliche Gebühr pro Nutzer	Staffbase, Haiilo, COYO	planbar, skalierbar, geringer Startaufwand
Lizenzkauf	einmalige Lizenzgebühr, ggf. Wartungspaket	Drupal, TYPO3, SharePoint	hohe Anfangsinvestition, langfristig günstiger
Eigenentwicklung	komplette Individualentwicklung	Agenturen, IT-Teams	maßgeschneidert, aber teuer und wartungsintensiv

Die Wahl des Modells hängt u. a. von der IT-Strategie, den Sicherheitsanforderungen und den vorhandenen Ressourcen ab.

5.3 Nutzenargumente: Mehr als nur Einsparungen

Die Investition in ein Intranet ist selten durch direkte Einsparungen zu rechtfertigen. Der Nutzen ergibt sich vielmehr aus:

a) Effizienzgewinnen

- Schneller Informationszugriff → Zeitersparnis
- Reduzierung redundanter Kommunikation
- Automatisierung einfacher Prozesse (Urlaubsantrag, Formularmanagement)
- Vermeidung von Wissensverlust durch zentrale Ablage

b) Kollaborationsverbesserung

- Optimierung teamübergreifender Arbeit
- Vereinheitlichung von Projekt- und Informationsstrukturen
- Reduzierung interner E-Mails

c) Kommunikationsqualität

- Höhere Reichweite für interne Kommunikation

- Konsistenz von Botschaften (z. B. Unternehmensleitlinien)
- Echtzeit-Informationen (z. B. Sicherheitsmeldungen, HR-News)

d) Mitarbeiterbindung & Employer Branding

- Mitarbeiter fühlen sich besser informiert und integriert
- Self Services und Personalisierung fördern Zufriedenheit
- Transparenz und Partizipation stärken die Kultur

Die Herausforderung besteht darin, diese Nutzenaspekte in **wirtschaftlich greifbare Werte** zu übersetzen.

5.4 ROI-Betrachtung: Wirtschaftlichkeit nachweisen

Der **Return on Investment (ROI)** beschreibt die Amortisation der Investition über Zeit. Im Kontext Intranet kann dies z. B. wie folgt aussehen:

Beispielrechnung (vereinfacht):

- **Investitionskosten (Setup + 1 Jahr Betrieb)**: 80.000 €
- **Einsparungen/Jahr (z. B. 10 Min. Zeitersparnis pro Mitarbeitenden/Tag)**: 10 Min. x 500 MA x 220 Tage = 18.333 h → bei Ø 30 €/h = **550.000 €**
- **ROI im ersten Jahr:** 550.000 € Nutzen bei 80.000 € Investition = **> 6:1**

Natürlich sind diese Zahlen oft Annahmen – dennoch helfen solche Modelle dabei, eine **wirtschaftliche Argumentation für das Projekt** zu liefern.

5.5 Business Case erstellen: Struktur & Argumentationslinien

Ein überzeugender Business Case sollte folgende Elemente beinhalten:

- **Projektziele & Nutzenargumentation**
- **Kostenaufstellung (einmalig & laufend)**
- **Risiken & Alternativen**
- **Qualitative Mehrwerte**
- **Amortisationszeit & ROI-Szenarien**

Ein Beispiel-Argument:

„Durch die Einführung des neuen Intranets senken wir die Suchzeit nach
Dokumenten und Kontakten um durchschnittlich 8 Minuten pro Mitarbeitenden und
Tag. Das entspricht einer geschätzten Effizienzsteigerung im Wert von 350.000 € pro
Jahr – bei einer Investition von 60.000 € im ersten Jahr."

Ein solcher Business Case kann sowohl für das Management als auch für
Förderanträge oder IT-Gremien ein entscheidendes Entscheidungskriterium
darstellen.

5.6 Fazit

Auch wenn ein Intranet nicht in jedem Fall sofortige finanzielle Einsparungen
generiert, so ist der wirtschaftliche Nutzen durch Effizienzsteigerung, bessere
Zusammenarbeit und verbesserte interne Kommunikation **deutlich messbar**. Wer
die Investition professionell vorbereitet, transparent aufbereitet und strategisch in die
Gesamtentwicklung des Unternehmens einbettet, kann nicht nur Entscheider
überzeugen, sondern auch eine solide Basis für den langfristigen Erfolg des Projekts
schaffen.

Kapitel 6: Projektplanung und Einführungsschritte

6.1 Projektteam und Rollenverteilung

Der Projekterfolg hängt stark von der Zusammensetzung des Projektteams und den klar zugewiesenen Rollen ab. In der Praxis haben sich folgende Funktionen bewährt:

Rolle	Aufgaben
Projektleitung	Koordination des Gesamtprojekts, Zeit- und Budgetverantwortung
IT-Verantwortliche	Technische Plattform, Schnittstellen, Sicherheit
Kommunikationsverantwortliche	Redaktion, Design, Change-Kommunikation
HR	Inhalte für Mitarbeitende, Onboarding-Prozesse
Redaktionsteam	Aufbau, Struktur und Pflege der Inhalte
Externe Partner / Berater	Technische Umsetzung, UX-Beratung, Schulungen
Pilotnutzer / Key User	Feedbackgeber aus der Zielgruppe, Multiplikatoren

Wichtig ist, dass das Projektteam interdisziplinär zusammengesetzt ist und alle relevanten Perspektiven integriert.

6.2 Phasenmodell: Vom Kick-off bis zum Go-Live

Ein typisches Intranetprojekt durchläuft mehrere klar strukturierte Phasen, die sich auch für kleinere Unternehmen bewährt haben:

1. Projektinitialisierung

- Zieldefinition, Projektauftrag, Budgetfreigabe
- Stakeholder-Analyse und Einbindung
- Projektorganisation und Zeitplanung

2. Anforderungsanalyse

- Workshops mit Fachbereichen
- Dokumentation technischer und funktionaler Anforderungen
- Priorisierung der Anforderungen (z. B. MoSCoW-Methode)

3. Systemauswahl

- Marktrecherche, Anbieterpräsentationen
- Demo-Szenarien und Proof of Concept (PoC)
- Nutzwertanalyse und finale Entscheidung

4. Konzeptionsphase

- Informationsarchitektur (Menüstruktur, Navigation)
- Governance-Regeln und Rollenmodell
- Gestaltung von Templates und Content-Formaten
- Redaktions- und Freigabeworkflows

5. Umsetzung & Technikintegration

- Installation und Konfiguration
- Anpassungen (Customizing)
- Schnittstellen zu HR-, ERP- oder Kommunikationssystemen
- Migration bestehender Inhalte

6. Test und Qualitätssicherung

- Technische Tests (Performance, Rechtekonzepte)
- Usability-Tests mit Pilotnutzer:innen
- Fehlerkorrekturen und Anpassungen

7. Schulung & Change-Kommunikation

- Schulung für Redaktion, Endanwender:innen, Admins
- Erstellung von Handbüchern, Videos, interaktiven Einführungen
- Kommunikationskampagne intern starten

8. Pilotbetrieb & Rollout

- Einführung mit ausgewählten Abteilungen (Pilot)
- Feedback sammeln und Lessons Learned dokumentieren

- Rollout in Wellen oder Big Bang
- Projektabschluss und Übergabe an den Betrieb

6.3 Change Management und interne Kommunikation

Ein Intranetprojekt bringt Veränderung – in Abläufen, in Rollen und im digitalen Arbeitsverhalten. Ohne aktives Change Management droht Widerstand oder Desinteresse. Erfolgsfaktoren sind:

a) Frühzeitige Kommunikation

- Warum wird das neue Intranet eingeführt?
- Was sind die Ziele und Vorteile?
- Wie können sich Mitarbeitende einbringen?

b) Emotionale Beteiligung

- Storytelling statt technischer Ansagen
- Einbindung durch Interviews, Teaser-Videos, Mitarbeiterkampagnen

c) Partizipation

- Pilotgruppen aus verschiedenen Hierarchieebenen
- Feedbackrunden und UX-Tests
- Offene Feedbackkanäle im Intranet selbst

d) Schulung und Begleitung

- Zielgruppenspezifische Schulungsangebote
- Kurzvideos, Webinare, Schnellstartguides
- Multiplikatoren-Programm

Nach John P. Kotter (*Leading Change*, 1996) ist es entscheidend, eine „dringliche Notwendigkeit" zu erzeugen und kurzfristige Erfolge sichtbar zu machen, um Akzeptanz zu schaffen.

Ein Intranet steht und fällt mit seinen Inhalten. Ein nachhaltiges **Redaktionskonzept** ist essenziell für Aktualität, Qualität und Nutzerrelevanz:

a) Strukturierte Rollenverteilung

- Zentrale Redaktion für Unternehmensnews und Governance
- Dezentrale Redakteure für Fachbereichsinhalte
- Klar definierte Verantwortlichkeiten pro Bereich

b) Arbeitsprozesse

- Redaktionskalender
- Freigabe-Workflows
- Qualitätssicherung

c) Governance-Regelwerk

- Styleguide für Inhalte
- Nutzung von Bildmaterial, Tonalität
- Content Lifecycle (Archivierung, Löschung)

Ein guter Grundsatz: **"Weniger, aber besser gepflegte Inhalte"**. Ein Intranet mit veralteten, redundanten oder irrelevanten Informationen verliert schnell an Glaubwürdigkeit.

Ein vollständiger Go-Live ohne Vorabtests birgt Risiken. Eine **Pilotphase** mit ausgewählten Nutzergruppen schafft Sicherheit, Verlässlichkeit und Vertrauen.

a) Ziele der Pilotphase

- Test von Funktionalitäten und Prozessen
- Usability-Feedback einholen
- Inhalte auf Relevanz prüfen

b) Pilotgruppen auswählen

- Mischung aus IT-fernen und IT-affinen Mitarbeitenden
- Unterschiedliche Fachbereiche und Hierarchiestufen
- Repräsentative Standorte (bei dezentralen Organisationen)

c) Rollout-Strategien

- **Wellenmodell:** schrittweise Einführung pro Abteilung, Standort oder Region
- **Big Bang:** alle Mitarbeitenden gleichzeitig (nur bei hoher Vorbereitungssicherheit)
- **Soft Launch:** Intranet läuft parallel zum alten System mit sukzessiver Übergabe

Der Rollout sollte durch eine gezielte Kommunikationskampagne begleitet werden – z. B. mit Countdowns, Gewinnspielen, Welcome-Touren oder Onboarding-Videos.

6.6 Fazit

Ein Intranet-Projekt ist kein klassisches IT-Projekt, sondern ein **organisationaler Wandel**, der mit Struktur, Strategie und Sensibilität gesteuert werden muss. Wer klare Phasen plant, ein interdisziplinäres Projektteam aufstellt, die Kommunikation aktiv steuert und Nutzende einbezieht, legt das Fundament für eine nachhaltige und akzeptierte Plattform. Das Intranet ist kein Einmalprojekt – sondern ein dauerhaft zu entwickelndes Element des digitalen Arbeitsplatzes.

7.1 Inhaltsarten und Contentstrategie

Ein modernes Intranet vereint viele unterschiedliche Inhaltsformate. Diese sollten strategisch geplant und in einer übergreifenden **Contentstrategie** verankert sein.

Typische Inhaltsarten:

- **Unternehmensnachrichten** (News, CEO-Statements, Quartalszahlen)
- **Mitarbeiterinfos** (Geburtstage, Neueinsteiger, Jubiläen)
- **HR-Informationen** (Betriebsordnung, Benefits, Formulare)
- **IT-Hilfen** (How-tos, FAQs, Anleitungen)
- **Wissensbeiträge** (Best Practices, Fachartikel, Wikis)
- **Events & Termine** (Betriebsversammlungen, Fortbildungen)
- **Team- und Projektseiten** (Ziele, Status, Ansprechpartner)

Die Contentstrategie sollte folgende Fragen beantworten:

- Welche Inhalte sind für welche Zielgruppen relevant?
- Wer erstellt, pflegt und verantwortet welche Inhalte?
- Welche Inhalte müssen aktuell gehalten werden – und wie?

„Content ist kein Projekt, sondern ein Prozess", betonen Göbel & Weichert (*Content-Strategie im Intranet*, 2021). Genau deshalb braucht es klare Strukturen.

7.2 Aufbau einer logischen Navigationsstruktur

Eine durchdachte **Informationsarchitektur** ist der Schlüssel zur Auffindbarkeit und Verständlichkeit von Inhalten. Sie entscheidet über die Nutzerzufriedenheit und das Nutzungserlebnis.

Prinzipien der Intranet-Navigation:

- **Nutzerzentrierung:** Orientierung an den täglichen Aufgaben, nicht an der Organisationsstruktur
- **Konsistenz:** Einheitliche Bezeichnung und Logik auf allen Ebenen
- **Redundanzfreiheit:** Inhalte an einer klaren Stelle, nicht mehrfach

- **Sichtbarkeit:** wichtige Informationen maximal drei Klicks entfernt

Mögliche Strukturmodelle:

- Themenorientierte Navigation (z. B. Personal, IT, Vertrieb, Kommunikation)
- Zielgruppenorientiert (z. B. Führungskräfte, Außendienst, neue Mitarbeitende)
- Prozess- und aufgabenorientiert (z. B. „Ich möchte …", „Servicecenter")

Usability-Tests mit realen Nutzer:innen helfen, die geplante Struktur auf Verständlichkeit zu prüfen und zu optimieren.

7.3 Redaktionsrollen und -prozesse

Ein Intranet ist nur so gut wie seine Inhalte – und diese benötigen **verantwortliche Redakteur:innen**, klare Prozesse und regelmäßige Pflege.

Redaktionsrollen:

- **Zentrale Redaktion:** Verantwortung für Unternehmenskommunikation, Governance, Qualitätssicherung
- **Dezentrale Redaktion:** Fachbereichsinhalte, Teampflege, spezielle Services
- **Gelegenheitsredakteur:innen:** Projektleiter, Teamverantwortliche, Key User

Aufgabenbereiche:

- Content-Erstellung und -Pflege
- Bildrecherche und -bearbeitung
- Terminmanagement
- Abstimmungen und Freigaben

Redaktionsprozesse:

- Redaktionskalender (z. B. Monatsplan mit Themenvorgaben)
- Review- und Freigabeprozesse
- Content Lifecycle Management (z. B. Gültigkeit, Archivierung)

Ein Redaktionshandbuch mit Tonalitätsvorgaben, Bildrichtlinien und Schreibregeln ist ein zentrales Hilfsmittel.

Selbst das beststrukturierte Intranet stößt an Grenzen – deshalb ist eine **leistungsfähige Suche** unverzichtbar.

Anforderungen an die Suche:

- Volltextsuche mit Auto-Vervollständigung
- Filter (Datum, Abteilung, Inhaltstyp)
- Ranking-Logik (Relevanz statt Aktualität)
- Vorschauansicht und Dokumententypen-Erkennung
- Integration externer Quellen (z. B. MS Teams, File Server)

Metadatenmanagement:

- Einheitliche Verschlagwortung (z. B. über Taxonomien)
- Pflichtfelder bei der Inhaltserstellung
- Zuordnung von Kategorien, Schlagworten, Zielgruppen

Die Suche kann durch KI-Unterstützung ergänzt werden, z. B. durch **semantische Suche**, **intelligente Vorschläge** oder **personalisierte Ergebnisse**.

Ein erfolgreiches Intranet lebt von **Beteiligung** – nicht nur technisch, sondern kulturell. Es sollte nicht als Top-down-Kanal der Unternehmensleitung verstanden werden, sondern als **Plattform zur Mitgestaltung**.

Möglichkeiten der Beteiligung:

- Kommentarfunktion und Likes unter Artikeln
- Mitarbeiterblogs oder -kolumnen
- Ideenplattformen, Umfragen, Feedbackbereiche
- Community-Seiten (z. B. Nachhaltigkeit, Diversity, Betriebssport)
- Integration von User Generated Content (z. B. Fotowettbewerbe)

Der Schritt von der Einweg-Kommunikation zur digitalen Dialogplattform stärkt die Mitarbeiterbindung, fördert Innovation und steigert die tägliche Nutzung.

Struktur, Inhalte und Redaktion bilden die inhaltliche Säule eines modernen Intranets. Ein technisch noch so ausgereiftes System bleibt wirkungslos, wenn Inhalte nicht nutzerzentriert aufbereitet, aktuell gehalten und mit Beteiligung der Mitarbeitenden gepflegt werden. Wer klare Regeln, Zuständigkeiten und Prozesse etabliert und dabei konsequent auf Nutzerbedürfnisse ausgerichtet bleibt, schafft ein lebendiges, akzeptiertes und strategisch wirksames Intranet.

Kapitel 8: Nutzerzentrierung und UX-Design

8.1 Warum Nutzerzentrierung entscheidend ist

Ein Intranet, das nicht genutzt wird, verfehlt seinen Zweck – ganz gleich, wie viele Funktionen es bietet. Nutzerzentrierung bedeutet, das System von Anfang an **konsequent aus Sicht der späteren Nutzer:innen zu denken** – in Bezug auf Funktionen, Struktur, Sprache, Design und Interaktion.

Laut Norman & Nielsen Group (2021) erhöhen nutzerzentrierte Intranets die tägliche Nutzungsfrequenz um bis zu **37 %** und verbessern die Informationsfindung um durchschnittlich **42 %**. Zudem stärken sie die Akzeptanz bei Einführung und steigern langfristig die Zufriedenheit.

Nutzerzentrierung basiert auf folgenden Prinzipien:

- **Verstehen der Bedürfnisse, Kontexte und Frustrationen** der Mitarbeitenden
- **Iterative Entwicklung mit Feedbackschleifen**
- **Personalisierung** von Inhalten und Oberfläche
- **Reduktion von Komplexität** durch intuitive Gestaltung

8.2 Personas und Nutzerreisen (User Journeys)

Ein zentraler Schritt in der nutzerzentrierten Gestaltung ist die Entwicklung sogenannter **Personas** – fiktiver, aber datenbasierter Nutzer:innenprofile, die typische Verhaltensweisen, Bedürfnisse und Ziele repräsentieren.

Beispielhafte Intranet-Personas:

- **Lisa, 29, Marketing Managerin**: arbeitet hybrid, braucht schnellen Zugriff auf Vorlagen und Teamkalender, sucht kreative Inspiration.
- **Thomas, 54, Lagerleiter**: kein Büroarbeitsplatz, nutzt Smartphone, benötigt Schichtpläne, Sicherheitsinformationen, Formulare.
- **Miriam, 43, HR-Referentin**: verantwortet Redaktionsbereiche, benötigt einfache Freigabeworkflows und Zielgruppensteuerung.

Diese Personas helfen, typische **Nutzerreisen (User Journeys)** zu visualisieren: Wie kommt Lisa zu den benötigten Informationen? Wo hängt Thomas im Formularprozess? Wie effizient ist Miriams Content-Pflegeprozess?

Durch die Ausarbeitung dieser Journeys wird sichtbar, an welchen Punkten das Intranet besonders leistungsfähig, aber auch besonders anfällig sein kann.

Nutzerzentriertes UX-Design nutzt Methoden aus dem Human-Centered Design und Design Thinking:

Methode	Zweck und Nutzen
Card Sorting	Strukturierung der Navigation durch Nutzersortierung
Prototyping (Low/Hi-Fidelity)	Testen von Layouts, Menüs und Interaktionen vor Implementierung
Usability-Tests	Evaluation von Nutzerverhalten in realistischer Nutzung
Heatmaps & Klickanalysen	Optimierung bestehender Seiten durch Messung von Interaktionen
Feedbackzyklen (Workshops, Umfragen)	Kontinuierliche Einbeziehung von Zielgruppen

Diese Methoden sind auch im Mittelstand mit geringem Budget umsetzbar – z. B. durch interne Testgruppen, einfache Prototypen mit Tools wie Figma oder Adobe XD und Online-Feedbackformulare.

Gutes UX-Design ist nicht nur funktional, sondern auch **visuell konsistent, emotional ansprechend und stressfrei nutzbar**. Das gelingt durch:

a) Navigation

- Max. 5–7 Hauptmenüpunkte
- Megamenüs mit klaren Unterkategorien
- Orientierung an Nutzerbedürfnissen statt Organisationsstruktur
- Sichtbarkeit häufig genutzter Funktionen (z. B. Suche, Kalender, Kontakte)

b) Visuelles Design

- Einhaltung des Corporate Designs
- Klarer Kontrast, gut lesbare Schriftarten
- Reduzierte Gestaltung (Flat Design, keine Informationsüberflutung)
- Vermeidung redundanter Designelemente

c) Mobiloptimierung

- Responsives Design für Smartphones und Tablets
- Touch-freundliche Bedienelemente
- Lesbarkeit bei wechselnden Lichtverhältnissen
- Offline-Zugriff auf kritische Inhalte (PDFs, Notfallkontakte)

8.5 Personalisierung und Relevanzsteuerung

Ein Intranet wird dann als nützlich empfunden, wenn es **relevante Inhalte zum richtigen Zeitpunkt bietet**. Dies gelingt durch:

- Personalisierte Startseiten („Meine Tools", „Meine Nachrichten")
- Dynamische Inhalte nach Standort, Abteilung, Rolle
- Interessenbasierte News-Feeds
- Kontextbezogene Benachrichtigungen (Push, E-Mail, App)
- „Zuletzt besucht" oder „Häufig genutzt"-Bereiche

Beispiel: Außendienstmitarbeiter sehen mobil relevante Kontakte, Routen und Kundennews, während HR-Mitarbeiter HR-spezifische Dashboards erhalten.

UX endet nicht mit dem Go-Live – sie beginnt dort. Intranet-UX muss **kontinuierlich verbessert** werden, basierend auf Daten, Feedback und technischer Weiterentwicklung.

Wichtige UX-KPIs:

- Nutzungsfrequenz pro Nutzer:in pro Woche
- Verweildauer auf der Startseite
- Suchanfragen pro Tag / erfolgreiche Suchtreffer
- Nutzerzufriedenheit (via regelmäßigen Mini-Umfragen)
- Reduzierung von Anfragen an IT oder HR durch Self Services

Zusätzlich hilfreich: qualitative Interviews, Usability-Tests nach 3–6 Monaten, Analysen mit Tools wie Matomo, Microsoft Clarity oder Hotjar.

8.7 Fazit

Ein Intranet ist dann erfolgreich, wenn es als nützlich, einfach, angenehm und intuitiv empfunden wird. Nutzerzentrierung und UX-Design sind keine kosmetischen Maßnahmen, sondern zentrale Erfolgsfaktoren für Akzeptanz, tägliche Nutzung und strategische Wirksamkeit. Wer die Nutzer:innen früh einbindet, typische Nutzungskontexte versteht, relevante Inhalte anbietet und die Oberfläche klar und mobilfreundlich gestaltet, baut ein Intranet, das wirklich funktioniert – für alle.

9.1 Betriebskonzepte: On-Premises, Cloud und Hybrid im Dauerbetrieb

Die Betriebsform des Intranets – ob **On-Premises**, **Cloud** oder **Hybridlösung** – beeinflusst maßgeblich den Aufwand und die Verantwortlichkeiten im laufenden Betrieb.

a) On-Premises-Betrieb

- **Verantwortung:** vollständiger technischer Betrieb in eigener IT-Umgebung
- **Aufgaben:** regelmäßige Sicherheitsupdates, Server-Monitoring, Backup-Strategien
- **Vorteile:** volle Datenhoheit, individuelle Kontrolle
- **Nachteile:** hoher Ressourcenbedarf, eigene Expertise nötig

b) Cloudbasierter Betrieb (SaaS)

- **Verantwortung:** Betrieb durch den SaaS-Anbieter
- **Aufgaben:** Konfigurationspflege, Inhaltsmanagement, Schnittstellenüberwachung
- **Vorteile:** automatische Updates, hohe Skalierbarkeit, geringer Infrastrukturaufwand
- **Nachteile:** Abhängigkeit vom Anbieter, begrenzte Individualisierung

c) Hybride Szenarien

- Kombination sensibler lokaler Komponenten (z. B. Dokumentenarchiv) mit cloudbasierten Kommunikationsmodulen
- Eignet sich für Unternehmen mit erhöhtem Datenschutzbedarf oder verteilter IT-Infrastruktur

Ein durchdachtes Betriebskonzept sollte regelmäßig geprüft und an neue Sicherheitsanforderungen und Systementwicklungen angepasst werden.

Ein effizienter **Supportprozess** sorgt für reibungslose Nutzung und schnelle Problemlösungen. Insbesondere bei größeren Unternehmen sollten folgende Supportebenen eingerichtet sein:

Supportebene	Funktion	Beispielhafte Aufgaben
First-Level-Support	Direkter Kontaktpunkt für Endnutzer:innen	Passwortprobleme, Navigationsfragen, Zugriffsprobleme
Second-Level-Support	Technischer Support (intern oder extern)	Schnittstellenprobleme, Rechtevergabe, Fehleranalyse
Third-Level-Support	Hersteller- oder Anbieter-Support	Bugs, Systemausfälle, API-Themen

Unterstützt werden kann dies durch:

- Ticket-Systeme (z. B. Jira, Freshdesk)
- FAQ-Sektionen im Intranet
- Chatbots oder virtuelle Assistenten
- Self-Service-Portale

Wichtig ist auch eine klare Eskalationsregelung und SLA-Vereinbarungen für kritische Systeme.

Eine **Intranet-Governance** legt fest, wie Inhalte erstellt, gepflegt, aktualisiert und kontrolliert werden. Sie schafft Verbindlichkeit und Qualitätssicherung im täglichen Betrieb.

Bestandteile der Governance:

- Rollen- und Rechtekonzept (z. B. Redakteur:in, Freigabeinstanz, Lektor:in)
- Content-Richtlinien (z. B. Sprache, Tonalität, Layout-Vorgaben)
- Redaktionskalender mit festen Veröffentlichungszyklen
- Archivierungsregeln für veraltete Inhalte

Best Practices:

- Quartalsweise Redaktionsmeetings zur Themenplanung
- Checklisten für neue Inhalte
- Review-Funktionen für dezentrale Redakteur:innen

„Ein Intranet ohne Governance ist wie ein Stadtplan ohne Straßennamen – nutzlos, sobald es komplex wird" (Simone Janson, *Intranetstrategien im Mittelstand*, 2022).

9.4 Schulungen und Qualifizierung

Auch nach dem Go-Live ist kontinuierliche **Qualifizierung** essenziell, um Redakteur:innen, Multiplikator:innen und neue Mitarbeitende zu befähigen.

Formate:

- Onboarding-Schulungen für neue Nutzer:innen
- Redaktionstrainings (z. B. zu Barrierefreiheit, SEO im Intranet)
- Video-Tutorials und Klickanleitungen
- Interaktive Kurse oder Microlearning-Formate im Intranet selbst

Schulungen sollten regelmäßig aktualisiert werden – z. B. bei Funktionsupdates oder strukturellen Änderungen.

9.5 Evaluation, KPI-Tracking und Weiterentwicklung

Ein lebendiges Intranet entwickelt sich weiter – in Funktionen, Inhalten und Nutzungskonzepten. Voraussetzung ist ein strukturiertes **Monitoring** mit Zielkennzahlen und Feedbacksystemen.

Typische KPIs:

- Seitenaufrufe pro Monat / pro Bereich
- Suchanfragen vs. Suchtreffer-Quote
- Beteiligung an Umfragen oder Kommentaren

- Nutzungsrate mobiler Zugriffe
- Anzahl neuer Inhalte pro Monat / pro Redaktionseinheit

Weiterentwicklungsmaßnahmen:

- Nutzerumfragen zur Zufriedenheit und Verbesserungsvorschlägen
- Usability-Tests nach 6 oder 12 Monaten
- Analyse von Feedback aus dem Support
- Regelmäßige Feature-Reviews und Innovationsworkshops

Viele moderne Intranetlösungen bieten integrierte **Analytics-Dashboards** oder lassen sich mit Tools wie Matomo, Piwik PRO oder Google Analytics verknüpfen.

9.6 Fazit

Ein Intranet entfaltet seinen vollen Wert erst im täglichen Betrieb. Dafür braucht es stabile technische Prozesse, kompetente Supportstrukturen, klar geregelte Governance und eine kontinuierliche Weiterentwicklung. Wer das Intranet als „lebendiges System" begreift und nicht als abgeschlossene Softwareeinführung, sichert langfristig Relevanz, Qualität und Akzeptanz im Unternehmen.

Kapitel 10: Praxisbeispiele und Lessons Learned

10.1 Intranet im mittelständischen Industrieunternehmen

Unternehmen: Maschinenbau Meier GmbH

Größe: 550 Mitarbeitende

Branche: Anlagen- und Maschinenbau

Ausgangslage:

- Alte Intranetlösung auf Basis eines veralteten CMS
- Keine mobile Verfügbarkeit, unübersichtliche Struktur, geringe Nutzung
- Wunsch nach moderner, mobil nutzbarer Plattform zur Kommunikation und für HR-Self-Services

Projektverlauf:

- Projektteam mit Vertreter:innen aus IT, HR, Kommunikation und Produktion
- Durchführung eines Anforderungsworkshops mit 15 Mitarbeitenden
- Entscheidung für eine SaaS-Intranetlösung (Haiilo)
- Design von Personas und User Journeys zur Strukturierung der Inhalte
- Pilotphase in zwei Werken mit gezieltem Feedback
- Starker Fokus auf Schulungen für Redakteur:innen
- Interne Launch-Kampagne mit Gewinnen und Content-Challenges

Ergebnisse:

- Deutlicher Anstieg der täglichen Nutzung (+52 % nach 6 Monaten)
- IT- und HR-Teams verzeichneten 30 % weniger E-Mail-Nachfragen
- Nutzung der Self-Services (z. B. Urlaubsanträge) stark gestiegen
- Positive Rückmeldungen insbesondere von mobilen Nutzer:innen im Außendienst und der Produktion

Lessons Learned:

- Klare Governance notwendig (Redaktionsverantwortung, Inhalte)
- Einfache, verständliche Navigation entscheidend für Akzeptanz
- Erfolgreiche Einführung braucht aktive interne Kommunikation

Unternehmen: ProCare24 Pflegedienst GmbH

Größe: ca. 1.200 Mitarbeitende, davon 900 im mobilen Außendienst

Branche: Pflege- und Gesundheitsdienstleistungen

Herausforderung:

- Mitarbeitende sind selten am PC – Informationen erreichen sie häufig zu spät
- Teamkoordination, Dienstpläne und Unternehmensinfos laufen über WhatsApp-Gruppen
- Ziel: Einheitliches Kommunikationssystem, rechtssicher und mobil optimiert

Lösung und Projektumsetzung:

- Auswahl einer App-zentrierten Intranetlösung mit integriertem Messenger (Staffbase)
- Fokus auf mobile Nutzung, Push-Kommunikation und einfache Redaktionsoberfläche
- IT-seitig minimale Schnittstellenintegration (Dienstpläne, HR-System)
- Schulungen direkt in den Pflegestationen mit Tablets
- Einführung über sogenannte „Kommunikationslotsen" in jeder Region

Ergebnisse:

- 87 % der Mitarbeitenden nutzen das neue Intranet regelmäßig (1x pro Tag/Woche)
- Digitale Dienstpläne stark akzeptiert, E-Mail-Nutzung im Teamverkehr stark gesunken
- Erhöhung der Teilnahmen an internen Fortbildungen über Intranet-Kampagnen

Lessons Learned:

- Nutzerzentrierung bedeutet: **mobile Nutzung first, nicht als Option**
- Persönliche Einführung (nicht nur digitale Schulung) ist entscheidend
- Dezentrale Kommunikation braucht klare Regeln und einfache Tools

Unternehmen: HANDELplus eG

Größe: 60 Standorte, 2.800 Mitarbeitende

Branche: Einzel- und Großhandel

Ausgangssituation:

- Kommunikation über viele Kanäle (E-Mail, Filialfax, Intranet „Light")
- Wichtige Informationen (z. B. zu Produkten, Lieferengpässen) kamen oft verspätet an
- Unternehmensleitung wünschte ein professionelles, markenstärkendes Intranet

Projektvorgehen:

- Externe UX-Agentur zur Konzeption der Informationsarchitektur beauftragt
- Auswahl eines SharePoint-basierten Systems, integriert in bestehende Microsoft 365-Landschaft
- Zielgruppenorientierte Startseiten für Zentrale, Filialleitungen und Lager
- Integration der Produktdatenbank und automatischer Benachrichtigungen bei Lieferproblemen
- Intensives Training der Bereichsredakteure mit Checklisten und regelmäßigen Redaktionsmeetings

Resultate:

- Unternehmensweite Sichtbarkeit und Verfügbarkeit von Informationen in Echtzeit
- Image-Aufwertung durch konsistentes Design im Corporate Style
- Automatisierte Workflows (z. B. Bestellfreigaben) entlasten Fachbereiche spürbar

Lessons Learned:

- Integration in bestehende Systemlandschaft steigert Akzeptanz bei IT und Nutzern
- Redaktions-Workshops sind keine Einmalveranstaltungen – Qualität braucht Kontinuität
- Dashboards und rollenbasierte Inhalte verbessern Nutzererlebnis erheblich

Basierend auf den Praxisbeispielen lassen sich zentrale **Erfolgsfaktoren** ableiten:

1. **Klare Zielsetzung und Anforderungsdefinition**
   → Projektstart mit Workshops und Zielbild
2. **Interdisziplinäres Projektteam**
   → IT, HR, Kommunikation und Fachbereiche müssen gemeinsam entscheiden
3. **Nutzerzentriertes Design & mobile Optimierung**
   → Personas, User Journeys und echte Testgruppen früh einbinden
4. **Starke interne Kommunikation und Schulung**
   → Einführung als Kampagne begreifen, nicht nur als Rollout
5. **Technische Skalierbarkeit und sinnvolle Integration**
   → Intranet als Plattform, nicht als Stand-alone-Tool
6. **Governance, Redaktion & Contentpflege dauerhaft sichern**
   → Inhalte sind die DNA des Intranets – sie brauchen Strukturen

Auch aus gescheiterten oder problembehafteten Projekten kann man lernen. Häufige Fehler in Intranetprojekten sind:

- **Technikfokus ohne inhaltliche und kulturelle Strategie**
- **Überfrachtung mit Funktionen, aber ohne Relevanz für Nutzer:innen**
- **Fehlende Redaktionsprozesse – Inhalte veralten und verlieren Vertrauen**
- **Kein Support und keine Weiterentwicklung nach Go-Live**
- **Ignorieren der mobilen Nutzung (besonders in dezentralen Strukturen)**

Diese Fehler lassen sich vermeiden, wenn Nutzerperspektive, Change-Kommunikation und strukturierte Governance nicht nur mitgedacht, sondern **aktiv gestaltet** werden.

Praxisprojekte zeigen: Der Erfolg eines Intranets hängt nicht nur von Technik und Funktionen ab, sondern vor allem von **strukturiertem Projektmanagement, klaren Zielen, nutzerzentriertem Design und kontinuierlicher Pflege**. Wer diese Dimensionen ernst nimmt und in seinen Projektfahrplan integriert, wird ein Intranet schaffen, das nicht nur funktioniert – sondern wirkt.

Kapitel 11: Ausblick und Zukunft des Intranets

Die Integration von **Künstlicher Intelligenz (KI)** in Intranets steht am Anfang – wird aber in den nächsten Jahren zur Schlüsseltechnologie.

Mögliche KI-Anwendungen im Intranet:

- **Intelligente Suche**: semantisches Verstehen von Anfragen, automatische Sortierung nach Relevanz
- **Personalisierte Content-Vorschläge**: lernende Algorithmen analysieren Nutzerverhalten und schlagen passende Inhalte vor
- **Automatische Inhaltsklassifikation**: KI erkennt Themen und kategorisiert Inhalte automatisch (z. B. für Wissensdatenbanken)
- **Chatbots**: automatisierte Beantwortung von Standardfragen (z. B. Urlaubsregelungen, IT-Hilfe)
- **Spracherkennung & Voice Search**: Integration sprachgesteuerter Interfaces für schnelle Informationsabfragen

Relevanz für den Mittelstand:
Während Großunternehmen KI bereits testen, werden mittelständische Unternehmen in der Breite in den nächsten 3–5 Jahren nachziehen. KI-gestützte Intranetfunktionen werden besonders dort relevant, wo viele Inhalte schnell und kontextabhängig gefunden werden müssen.

Das Intranet wird zunehmend zum digitalen Spiegel der Unternehmenskultur – und damit zu einem zentralen Element der **Employee Experience (EX)**.

Trends im Bereich EX:

- **Personalisierung**: Inhalte, Funktionen und Startseiten nach Rolle, Standort und Interessen
- **Storytelling & Transparenz**: Unternehmensgeschichten, CEO-Kommunikation, Mitarbeiterporträts

- **Social Features**: Kommentarfunktionen, Likes, Reaktionen – Intranet als Dialogplattform
- **Virtuelle Onboarding-Strecken**: strukturierte Begrüßung neuer Mitarbeitender mit Wissenspfaden und Selbstservices

Laut Gallup Engagement Index (2023) wünschen sich über 70 % der Mitarbeitenden mehr Beteiligung und Transparenz im Arbeitsalltag – das Intranet ist das geeignete Medium, um diese Erwartung zu erfüllen.

Praxisempfehlung:

Das Intranet sollte nicht nur informieren, sondern **emotional binden**, Werte sichtbar machen und Kultur erlebbar gestalten – visuell, sprachlich und strukturell.

11.3 Mobile First & Micro Interaction

In einer zunehmend mobilen Arbeitswelt ist ein **Mobile-First-Ansatz** unverzichtbar – nicht nur technisch, sondern konzeptionell.

Merkmale moderner mobiler Intranets:

- **Mobile Apps** mit Push-Funktionalität
- **Responsive Design** auch für komplexe Navigationsstrukturen
- **Offline-Verfügbarkeit** von Schlüsselinhalten (z. B. Sicherheitsdokumente)
- **Mikrointeraktionen**: Kurzumfragen, Emojis, Mini-Feedbacks direkt in Artikeln
- **Mitarbeiter-Self-Services** per Smartphone (z. B. Krankmeldung, Zeiterfassung)

Zukunftstrend:

Die mobile Nutzung wird sich von „Zugriffsoption" zur „Standardnutzung" entwickeln – insbesondere in Produktion, Pflege, Außendienst und Handel. Intranets ohne mobile Strategie werden an Reichweite und Relevanz verlieren.

11.4 Digitale Assistenzsysteme und Automatisierung

Moderne Intranets werden zunehmend durch **digitale Assistenten** erweitert, die Nutzende im Arbeitsalltag aktiv unterstützen.

Beispiele:

- **Smart Notifications**: Benachrichtigungen zu Deadlines, offenen Aufgaben
  oder neuen Richtlinien
- **Automatisierte Workflows**: z. B. automatische Erinnerung an fehlende
  Inhalte, periodische Review-Prozesse
- **Datenbasierte Empfehlungen**: z. B. „Kolleg:innen mit ähnlichem Thema",
  „Beliebteste Inhalte im Team"
- **Kontextbezogene Tool-Integration**: z. B. Anzeige von ERP-Informationen
  oder CRM-Daten direkt im Intranetbereich

Bedeutung:

Diese Funktionen entlasten Mitarbeitende von Routinetätigkeiten und erhöhen die
Relevanz des Intranets als Arbeitsinstrument.

11.5 Nachhaltigkeit und ethische Fragen

Auch das Intranet wird sich künftig an **Werten und Nachhaltigkeitszielen** messen
lassen müssen:

- **Digitaler CO_2-Fußabdruck** (z. B. bei Hosting, Dateigrößen, Mediennutzung)
- **Inklusion** (barrierefreie Inhalte, diverse Perspektiven, Sprachvielfalt)
- **Datenschutz und Transparenz** bei Nutzung von KI, Analytics und
  Nutzungsdaten
- **Partizipation** statt Top-down-Kommunikation

Vision:

Ein ethisch verantwortliches, nachhaltiges Intranet wird zur Visitenkarte der
Unternehmenskultur – intern wie extern.

11.6 Fazit

Das Intranet entwickelt sich weiter – vom Informationskanal zur intelligenten,
personalisierten Arbeits- und Kulturplattform. Unternehmen, die sich frühzeitig mit KI,
Mobile First, Employee Experience und digitaler Ethik auseinandersetzen, sichern
sich einen strategischen Vorsprung. Der zentrale Erfolgsfaktor bleibt dabei
unverändert: **das konsequente Denken aus Sicht der Nutzer:innen.**

Anhang

A1: Checkliste – Anforderungsdefinition Intranet

Kategorie	Beispielhafte Fragen
Zielgruppen	Wer soll das Intranet nutzen? Gibt es mobile oder externe Nutzer:innen?
Kommunikationsbedarfe	Welche Arten von Informationen müssen regelmäßig verteilt werden?
Inhalte & Redaktionen	Welche Inhalte werden benötigt? Wer pflegt sie?
Technische Integration	Müssen Drittsysteme (z. B. SAP, MS365, CRM) angebunden werden?
Mobilität & Devices	Wird das Intranet hauptsächlich mobil oder stationär genutzt?
Datenschutz & Compliance	Welche regulatorischen Anforderungen sind zu beachten (z. B. DSGVO, BITV)?
Governance & Prozesse	Welche Rollen und Freigabestrukturen werden benötigt?

A2: Anbieterbewertungsmatrix (Nutzwertanalyse)

Kriterium	Gewichtung (%)	Anbieter A	Anbieter B	Anbieter C
Funktionsumfang	25 %	8	7	9
Usability & Design	20 %	7	9	8
Mobile Nutzung	10 %	6	10	9
Integration in IT-Landschaft	15 %	9	7	6
Datenschutz/Compliance	10 %	10	10	8
Betrieb & Wartung	10 %	6	7	9
Lizenzkosten	10 %	9	8	7

→ **Gesamtnutzwert** berechnet sich aus der gewichteten Summe der Einzelbewertungen.

Phase	Dauer (Wochen)	Hauptaktivitäten
Initialisierung	2	Projektauftrag, Teamzusammenstellung, Zeitplanung
Anforderungsanalyse	3	Workshops, Zieldefinition, Personas
Systemauswahl	4	Anbieterbewertung, Demo, Nutzwertanalyse
Konzeption & Design	5	Informationsarchitektur, UX-Design, Redaktionsmodell
Umsetzung & Integration	6	Konfiguration, Schnittstellen, Migration
Testphase & Schulung	3	Usability-Tests, Redaktionstrainings, Feedbackrunde
Rollout & Kommunikation	2	Go-Live, Launch-Kampagne, Supporteinrichtung
Nachbetreuung & Weiterentwicklung	fortlaufend	KPI-Monitoring, Redaktionstreffen, Updates

API (Application Programming Interface)

Programmierschnittstelle zur Anbindung von Softwarelösungen.

Barrierefreiheit (Accessibility)

Gestaltung von digitalen Inhalten, damit sie auch für Menschen mit Einschränkungen zugänglich sind (z. B. durch Screenreader oder Tastaturnavigation).

Change Management

Gezielte Steuerung von Veränderungsprozessen innerhalb einer Organisation zur Erhöhung der Akzeptanz neuer Systeme oder Strukturen.

CMS (Content Management System)

Software zur Erstellung, Verwaltung und Veröffentlichung von digitalen Inhalten.

Employee Experience (EX)

Ganzheitliche Betrachtung der Erfahrungen und Wahrnehmungen von Mitarbeitenden über den gesamten Lebenszyklus im Unternehmen hinweg.

Governance (Intranet)

Regelwerk, das Prozesse, Rollen und Verantwortlichkeiten für den Betrieb eines Intranets definiert.

Intranet

Internes Unternehmensportal für Kommunikation, Information, Zusammenarbeit und Self Services.

Kollaborationstools

Softwarelösungen zur Zusammenarbeit in Teams (z. B. MS Teams, Slack, Confluence).

Metadaten

Zusatzinformationen zu Inhalten, z. B. Autor:in, Thema, Schlagwörter – zur besseren Kategorisierung und Suche.

Persona

Fiktive, aber datenbasierte Darstellung eines typischen Nutzers oder einer Nutzerin zur Entwicklung nutzerzentrierter Lösungen.

Redaktionskalender

Planungsinstrument zur strukturierten Erstellung und Veröffentlichung von Inhalten im Intranet.

Responsive Design

Gestaltung von Websites/Intranets, die sich automatisch an unterschiedliche Bildschirmgrößen anpassen.

SaaS (Software as a Service)

Bereitstellung von Software über das Internet zur Miete (z. B. Staffbase, Haiilo).

Single Sign-on (SSO)

Authentifizierungsverfahren, bei dem Nutzer:innen sich einmal anmelden und dann auf mehrere Systeme zugreifen können.

User Experience (UX)

Gesamterlebnis, das Nutzende bei der Interaktion mit einem System machen – umfasst Design, Bedienbarkeit und emotionalen Eindruck.

DIGITAL BUSINESS NAVIGATOR: Ihr Werkzeug für die Auswahl und Einführung eines modernen Intranets im Mittelstand

Der **DIGITAL BUSINESS NAVIGATOR (DBN)** ist ein strukturiertes Analyse- und Entscheidungsinstrument, das mittelständische Unternehmen gezielt bei der Auswahl, Planung und Einführung eines zukunftsfähigen Intranets unterstützt. Der DBN schafft Klarheit in einem komplexen Entscheidungsprozess, bei dem es nicht nur um Technik, sondern vor allem um Menschen, Zusammenarbeit und Kommunikation geht.

Ein Intranet ist heute weit mehr als ein interner Informationskanal – es ist das digitale Rückgrat moderner Zusammenarbeit, Wissensmanagement und Unternehmenskultur. Der DBN hilft Ihnen, den konkreten Bedarf zu ermitteln, passende Lösungen zu identifizieren und die Einführung strategisch und strukturiert umzusetzen.

Das leistet der Digital Business Navigator für Ihre Intranet-Initiative:

1. **Reifegradanalyse Ihrer digitalen internen Kommunikation**
   Der DBN analysiert die Ausgangslage Ihrer Organisation anhand zentraler Handlungsfelder:
   - Digitale Kommunikations- und Kollaborationsstrategie
   - Rollen, Verantwortlichkeiten und Governance
   - Informationsflüsse, Prozesse und Use Cases
   - Bestehende Systeme, Tools und Integrationsfähigkeit
   - Nutzerbedarfe, Kultur und digitale Kompetenzen
2. **Standortbestimmung & Zielbildentwicklung**
   Sie erhalten einen klaren Überblick, wo Sie stehen und was Sie mit einem neuen Intranet erreichen wollen – abgestimmt auf Ihre organisatorischen Ziele und kulturellen Rahmenbedingungen.
3. **Ableitung konkreter Anforderungen & Handlungsfelder**
   Aus der Analyse resultieren strukturierte, priorisierte Anforderungen für Ihre Intranet-Lösung – als Grundlage für Ausschreibungen, Tool-Auswahl oder Marktsondierung.
4. **Entwicklung einer realistischen Einführungs-Roadmap**
   Der DBN liefert eine nachvollziehbare und umsetzbare Roadmap für die

Intranet-Einführung – von der Konzeption über die Pilotierung bis zum
Rollout.

5. **Intuitive Visualisierung & Teamfähigkeit**
   Ergebnisse werden in übersichtlichen Dashboards und Workshop-tauglichen
   Darstellungen präsentiert – ideal für Abstimmung mit IT, Kommunikation, HR
   und Geschäftsführung.

6. **Fortschrittsmessung & Iteration**
   Auch nach der Einführung bleibt der DBN ein wirksames
   Steuerungsinstrument – zur Erfolgsmessung, Optimierung und
   Weiterentwicklung Ihres Intranets.

Nutzen Sie die Chance

Viele Intranet-Projekte scheitern nicht an der Technik, sondern an unklaren
Anforderungen, fehlender Nutzerorientierung und mangelnder strategischer
Einbettung. Der Digital Business Navigator bringt Struktur in den Auswahlprozess
und stellt sicher, dass Ihr Intranet-Projekt von Anfang an richtig aufgesetzt wird.

Der DBN eignet sich ideal als:

- Startpunkt für ein modernes Intranet-Projekt
- Werkzeug zur Bedarfserhebung und Anforderungsdefinition
- Grundlage für Ausschreibungen und Anbietervergleiche
- Moderationshilfe in Intranet-Workshops
- Steuerungs- und Evaluationsinstrument während der Einführung

Wenn Sie Ihr Intranet-Projekt professionell, strukturiert und nutzerzentriert aufsetzen
möchten, laden wir Sie herzlich ein, den **DIGITAL BUSINESS NAVIGATOR**
kostenfrei zu nutzen (Entry-Tarif). Ihren Zugang erhalten Sie unter

👉 https://onboarding.digital-business-guides.com

Für Fragen rund um Intranet-Auswahl, Einführung und den DBN stehe ich Ihnen
gerne zur Verfügung: ap@poertner-consulting.de
Ich wünsche Ihnen viel Erfolg bei Ihrem Intranet-Projekt!
Ihr
Andreas Pörtner

Impressum

Ausgabe: 1/2025

Autor: Andreas Pörtner MSc BBA

eMail: ap@poertner-consulting.de

Telefon: 0170 / 5805472

Kontaktadresse:

pörtner consulting

Im Bruch 31

56414 Hundsangen

www.poertner-consulting

© 2025 Andreas Pörtner

Verlag:

BoD · Books on Demand GmbH, Überseering 33,

22297 Hamburg, bod@bod.de

Druck:

Libri Plureos GmbH, Friedensallee 273, 22763

Hamburg

ISBN: 978-3-8192-6624-9

FSC
www.fsc.org
MIX
Papier aus verantwortungsvollen Quellen
Paper from responsible sources
FSC® C105338